Dino

el

~~Dinosaurio~~

Perro

Dino

el

~~Dinosaurio~~

Perro

Escrito por RT Slayton

Ilustrado y Traducido por Sofia Rayas

Hola, mi nombre es Bobby y este es mi mejor amigo, Dino.

Mi familia y yo adoptamos a Dino cuando era un cachorro. Igual que yo, Dino tenía muchos hermanos y hermanas. Con todos esos perritos, pensamos que iba a ser difícil escoger cual perrito querríamos.

Pero mientras todos los otros perritos jugaban y peleaban, un perrito bonito y color café nos eligió para ser su familia.

Nosotros lo llamamos como un personaje de los Picapiedra. Una noche, en el comedor, tratando de decidir el nombre...

A Dino le encantaba correr por nuestro vecindario mientras yo lo perseguía. Algunas veces lo atrapaba...

...pero otras no.

Tuvimos suerte que el papá de un amigo era el jefe de policía porque llegamos a conocer muy bien a los policías de mi ciudad. A Dino le encantaba aventurarse por nuestro vecindario. Algunas veces la policía lo encontraba y lo llevaba en su patrulla.

A Dino le encantaba sentarse en el asiento de atrás con su cabeza fuera de la ventana.

"Bobby – por favor mantén a Dino con su correa", los oficiales me decían cuando lo llevaban de regreso a casa.

Penny era la novia de Dino. A ellos les encantaba jugar a la lucha de la cuerda y correr en el jardín de atrás.

A Dino le encantaba la aventura. Una vez él subió al techo de nuestra casa con mi hermano y yo. Nosotros pensamos que era divertido pero mi hermana mayor estaba muy enojada con nosotros.

En los días calientes del verano, íbamos al río para relajarnos y nadar. A Dino le encantaba correr por el muelle y saltar en el agua.

Cuando nuestra familia se mudó al campo, afuera de nuestra ciudad, Dino regresaba a nuestro viejo vecindario. Si se cansaba, Dino iba a nuestra casa vieja para relajarse en su lugar favorito para dormir.

Las personas que viven en la casa ahora se encontraban a Dino dormido en su cochera y nos llamaban para recogerlo.

En nuestra casa nueva Dino pasaba el día persiguiendo conejos hasta sus madrigueras...

O ardillas en los árboles.

Una vez él aprendió por qué razón uno no debe de perseguir zorrillos — ¡Guácala!

Como Dino ya no es un perro joven, nos gusta sentarnos en nuestra terraza bajo el sol, mirando a nuestro pueblo.

Mejores amigos para siempre.

Acerca del Autor

A RT Slayton le han fascinado los perros toda su vida. Después de salir de la rutina de trabajo de todos los días, ha descubierto una pasión de escribir acerca de perros y pintar retratos de mascotas. También es voluntario paseando los perros de una organización que los entrena para ayudar a personas con discapacidad física.

RT quiere ahora compartir sus experiencias y recuerdos favoritos con otras personas que igual que él, aman los perros.

Acerca de la Ilustradora

La ilustradora, Sofía Rayas, es una estudiante de preparatoria y aspira a estudiar animación. Desde pequeña ha dibujado y está emocionada de continuar creando arte para otras historias en la universidad. Hasta hace poco, ella tuvo dos hermosos labradores negros y espera compartir con todo el mundo el amor que sus dos locos y felices perros siempre le dieron.

www.ingramcontent.com/pod-product-compliance
Lightning Source LLC
Chambersburg PA
CBHW041551040426

42447CB00002B/145

* 9 7 8 0 6 9 2 1 5 8 0 2 9 *